Comte DE CAIX DE SAINT-AYMOUR

LA
SEIGNEURIE DE CIRES-LES-MELLO

(Oise)

BEAUVAIS

IMPRIMERIE DÉPARTEMENTALE DE L'OISE

15, RUE DES FLAGEOTS, 15

—

1914

LA
SEIGNEURIE DE CIRES-LES-MELLO

TIRAGE A PART

DU

Tome XXII des Mémoires

DE LA

SOCIÉTÉ ACADÉMIQUE DE L'OISE

Comte DE CAIX DE SAINT-AYMOUR

LA
SEIGNEURIE DE CIRES-LES-MELLO

(Oise)

BEAUVAIS

IMPRIMERIE DÉPARTEMENTALE DE L'OISE

15, RUE DES FLAGEOTS, 15

1914

I

La paroisse de Cires, dépendant de l'évêché de Beauvais (aujourd'hui canton de Neuilly-en-Thelle, arrondissement de Senlis), n'a jamais été l'objet, à ma connaissance, d'aucune étude particulière. Dans sa *Statistique du canton de Neuilly-en-Thelle*, publiée en 1842, Graves décrit son église, mais néglige presque complètement ce qui concerne l'histoire civile de ce bourg. Il nous dit seulement que « Cires était compris dans la baronnie et châtellenie de Mello pour les lieux-dits de la Grande et Petite Chaussée, lesquels furent acquis, en 1567, par le connétable de Montmorency. Le reste dépendait — ajoute-il — dès le xii' siècle, de la seigneurie d'Ully-Saint-Georges. »

Le hasard m'ayant mis en possession d'un document judiciaire du xviii' siècle (1), fournissant de précieux renseignements sur la seigneurie de Cires, je crois intéressant d'en donner ici la substance.

Cette paroisse comprenait le village de Cires et les hameaux du Tillet et de la Villeneuve, dépendant du fief du Tillet et de celui de Trossy.

En dehors de la seigneurie principale qui fait l'objet du présent travail, Cires avait sur son territoire les fiefs de Cambourdel, sis au Tillet; ceux de Boncamp, du Pont-

____

(1) *Mémoire pour M. le baron de Mello contre Mesdames de la Royale Maison de Saint Louis établie à Saint Cyr les Versailles, sur le droit de se qualifier seigneur de la paroisse de Cires-les-Mello* (Manuscrit de 66 pages grand in-folio.)

d'Aguenet et de Curtil-Cullier, sis à Cires ; partie des fiefs de Boncamp et de Cagnières (1), situés pareillement à Cires. Tous ces fiefs relevaient en plein fief de la seigneurie de Cires, sauf Cagnières qui relevait de Mello.

Les fiefs de la Magdelaine, des Eaux ou de Notre-Dame, et celui de Bornel, autrefois démembrés de la baronnie de Mello, lui avaient été de nouveau réunis au xvi⁰ siècle. Ils consistaient seulement en *directe* (2) et la haute justice en appartenait à la baronnie de Mello.

Cette même baronnie possédait encore à Cires le fief de la Grande-Chaussée, avec haute, moyenne et basse justice, dont les appels ressortissaient au bailliage de Senlis. Cette justice et celle de la seigneurie de Cires étaient exercées par les mêmes officiers que le bailliage de Mello, en vertu de lettres patentes de Charles IX en date du 12 avril 1568.

Le fief de la Grande-Chaussée, qui relevait en plein fief de la seigneurie d'Ully-Saint-Georges, se divisait lui-même en

---

(1) Ce fief de Cagnières, appartenant avant 1459 à Jean de Chaumontel, consistait en hôtel, masures, jardins, aunaies, colombier, terres labourables, bois, prés, vignes, cens, rentes, ventes, saisines, amendes, champarts, justice en seigneurie. Une aimable communication de M. Collas, notaire honoraire à Cires-les-Mello, nous permet de donner les noms des possesseurs de ce fief depuis Jean de Chaumonte jusqu'à la Révolution.

Après 1459, ce fief appartint à Jean de Montregnier ; en 1506, il est la propriété par moitié de Louise de Montregnier, femme de Jean Le Maire, et de Madeleine, sa sœur, femme de Jean de Paris. Il est ensuite divisé : René Brinon, seigneur de Cires, en possède le quart en 1523 ; puis, en 1571, il est réuni de nouveau entre les mains de la famille de Pimont, représentant « feue damoiselle Le Maire. » Un Claude Le Maire le lègue, vers 1620, à demoiselle Marie Hatesse, femme de Antoine Polier, écuyer, dont la fille Madeleine en fait l'aveu en 1635. Nous trouvons ensuite, comme seigneurs de Cagnières, le nom de Louis Limosin, écuyer en 1639 ; Marie-Madeleine de Perthuis, femme d'Alexandre de Rieux, écuyer, capitaine au régiment de Champagne en 1719 ; Claude-Alexandre de Rieux, chevalier en 1762 ; enfin, ce fief est réuni en 1784 à la baronnie de Mello possédée par M. Patu.

(2) La *directe* était le droit du seigneur sur le fonds qui relevait de lui comme fief ou censive, et qui lui devait les lods et vente ou le relief.

fief de la Graud-Chaussée proprement dit — consistant seulement en *directe* (1) — et en fief commun consistant en domaine et directe communs et indivis entre le baron de Mello et les Dames de Saint-Cyr, à cause de leur droit de directe assis à Cires. Les Dames de Saint-Cyr tenaient ce droit de la mense abbatiale de l'abbaye de Saint-Denis qui avait été réunie à leur maison et qui comprenait en outre les grosses dîmes de Cires, avec grange « dixmeresse » et environ six arpents de pré, et tout le domaine utile de cette manse, à la réserve de la présentation à la cure, réservée aux Religieux. Le domaine fut partagé en 1740, mais la directe resta indivise.

Du fief de la Grande-Chaussée relevaient plusieurs arrière-fiefs qui, tous, avaient droit de haute, moyenne et basse justice et dont les appels ressortissaient au bailliage de la baronnie de Mello. Ces arrière-fiefs étaient une partie des fiefs de Brucamp, les fiefs Bourgeois et de la Tour ; d'autres enfin situés à Foulangues et aux environs.

Tous ces fiefs et tous ces droits provenaient originairement à l'abbaye de Saint-Denis de l'avouerie d'Ully-Saint-Georges qui leur avait été vendue au mois de décembre 1223 par Guillaume de Thorote et Béatrix, sa femme, sous la garantie de Jean de Conty et d'Ansould d'Erquery, chevaliers.

Depuis, comme nous l'avons vu, ces fiefs et droits étaient passés aux Dames de Saint-Cyr. Ces Dames possédaient encore à Cires, en dehors de la Grande-Chaussée, un autre droit de directe dépendant aussi de la même seigneurie d'Ully-Saint-Georges, avec droit de justice foncière ou basse justice. Ce droit de directe n'avait pas de chef-lieu.

C'est à cause de tous ces droits de directe et de dîme que les Dames de Saint-Cyr émirent la prétention, dans la seconde moitié du xviii siècle, de se qualifier dames hautes justicières de la paroisse de Cires, ce qui donna lieu à un procès dont les pièces nous servent ici de guide. Mais avant de parler de ce procès, il nous faut dire ce que nous savons de

---

(1) Les Religieux de Saint-Lucien de Beauvais et ceux de Châlis prétendaient aussi avoir quelque droit de directe à Cires.

la seigneurie principale de Cires et du fief de la Grande-Chaussée, de beaucoup le plus important de tous ceux dont nous venons de parler, existant sur le territoire de Cires-les-Mello.

II

La seigneurie proprement dite de Cires — laquelle avait pour chef-lieu l'hôtel seigneurial de cette paroisse — consistait en domaine, directe censuelle et féodale, haute, moyenne et basse justice. Elle relevait en plein fief — non pas, comme le dit Graves, de la seigneurie d'Ully-Saint-Georges — mais du Colombier de Persan, en arrière fief de la baronnie de Mouchy-le-Châtel, et en sous-arrière-fief du roi.

Les premiers seigneurs de Cires que nous connaissons appartiennent à la vieille race féodale qui portait le nom d'Erquery.

Nous trouvons, dès le mois de février 1202, un Simon, seigneur de Erquery, qui vend aux Religieux de Saint-Denis l'avouerie de Cires et du Tilleul (Tillet) (1).

En 1268, un autre Simon de Erquery est encore cependant qualifié « avoué de Cires » dans une charte du Cartulaire de Froidmont, n° 1289 (2).

Enfin, cent ans plus tard, on rencontre encore le nom, comme seigneur de Cires, d'un Raoul d'Erquery, surnommé Herpin.

Cet Herpin ou Harpin d'Erquery, écuyer, — qu'il ne faut pas confondre avec son aïeul qui porte le même surnom, lequel était grand pannetier et porte-oriflamme de France en 1315 — fit l'aveu, le 8 août 1393, à « noble et puissant seigneur Monseigneur (Jean) de Menou et de Montgoubert » à cause de la terre du Colombier de Persan, de « tout ce qu'il possédoit en toute justice, haute, moyenne et basse, ès ville et

---

(1) *Société académique de l'Oise*, année 1911, p. 694.

(2) Peut-être ces deux Simon sont-ils une seule et même personne ; il y aurait alors une erreur de date ou une simple faute d'impression, et il faudrait lire 1262 au lieu de 1202.

territoire de Cires (Chirey), avec tous les fiefs et arrière-fiefs qui en relevoient. » (1).

C'est peu après cette époque que nous voyons la seigneurie de Cires sortir de la vieille maison chevaleresque d'Erquery, qui la possédait depuis deux siècles et demi, et passer, par acquisition, à un heureux et riche parvenu, M. Henry de Marle, chancelier de France.

Dès l'année 1400, Henry de Marle achète à Agnès d'Erquery diverses terres provenant de l'héritage de Herpin d'Erquery, son frère (2). Il intervient ensuite dans une transaction homologuée par arrêt du Parlement du 17 juin 1404, entre Guy de Neele, baron de Mello et seigneur de la Grande-Chaussée, d'une part, et les Religieux de Saint-Denis et les habitants de Cires, d'autre part. Comme seigneur de Cires, Henry de Marle confirme et ratifie cette transaction faite par « ses hôtes et sujets de la ville de Cires. »

On sait que Henry de Marle, victime de son attachement aux intérêts du roi Charles VI et de la maison d'Orléans, fut, avec le connétable et autres personnages, assassiné par les partisans du duc de Bourgogne le 29 mai 1418. A la suite de cette mort tragique, sa maison de Cires fut pillée et brûlée.

Arnauld de Marle, fils d'Henry, et président au Parlement de Paris, succéda néanmoins à son père dans la seigneurie de Cires.

Le 26 février 1444, il offrit de « relever de noble et puissant seigneur Monseigneur Philippe de Trye, seigneur de Mouchy et de Sérifontaine » son fief de Cires, tenu du Colombier de Persan et en arrière-fief dudit Mouchy « et à luy avenu par le décès de feu de noble mémoire Monseigneur Henry de Marle, son père, » à quoi il fut reçu — ajoute l'acte que nous suivons ici (3) « du consentement de Jean Leclerc, écuyer,

---

(1) *Arch. du prince de Condé*. Titre cité dans le *Trésor généalogique de Dom Villevieille* (Manuscrit de la Bibl. nat.) v° ERQUERY.

(2) *Chartrier du château de Mello*. Communication de M. Collas, notaire honoraire à Cires-les-Mello.

(3) Cote d'une pièce des *Archives du prince de Condé*, analysée par D. Villevielle dans son *Trésor généalogique*, v° MARLE. Les trois pièces que nous citons après celle-ci sont tirées du même manuscrit,

seigneur de la Mothe de Luzarches et autres amis charnels dudit seigneur de Mouchy... »

Le même Arnauld de Marle rend l'aveu de sa seigneurie de Cires et de tous les fiefs qui en relèvent, le 7 février 1449, à noble homme Robert d'Ococh (1), écuyer, seigneur de Saint-Ligier en Normandie et de Rumigny en partie, et, à cause de sa femme, damoiselle de Menou, seigneur aussi de Menou, du Mesnil-Saint-Denis et de Persan « lès-Beaumont-sur-Oyse. » Le seigneur de Persan fait, à son tour, le 27 juillet 1451, l'aveu de cette terre à noble homme Messire Philippe de Trye, chevalier, seigneur de Mouchy-le-Châtel.

Après Arnauld, nous trouvons « noble homme et sage maître Jean de Marle, avocat au Parlement, seigneur de Versigny et de Cires en partie, » lequel, tant pour lui que pour ses sœurs, fait foi et hommage, le 11 février 1482, à Charles de la Rivière, écuyer, seigneur du Mesnil-Saint-Denis, de Sainte-Geneviève et du Colombier de Persan, du fief de Cires (2).

A cette époque — 1482 — la mort d'Arnauld de Marle devait être encore très récente, puisque sa succession n'était pas partagée. Cette liquidation n'eut lieu que le 27 octobre 1497, par acte passé devant Gobin et Lhuillier, notaires à Paris. Par cet acte de partage entre les sept héritiers d'Arnauld, la seigneurie de Cires, avec ses arpartenances et ses dépendances, resta encore indivise entre quatre de ses héritiers, issus du mariage de sa petite-fille, Jeanne de Marle — fille de Jean de Marle — avec Martin le Picart, seigneur de la Grange-Nevelon, maître des Comptes (3).

Ces quatre héritiers étaient :

1° Jeanne le Picart, femme de Jacques Chevalier ;

2° Gillette le Picart, femme d'Yves Brinon ;

3° Marie le Picart, femme de Denis de Hacqueville;

4° Bertrand le Picart.

Le 17 mars 1507, Marie le Picart vend à Jean le Picart, fils

---

(1) Probablement Ocoches, village de Picardie, aujourd'hui canton de Bernaville, arrondissement de Doullens.

(2) *Arch. du château de Chantilly.*

(3) Armes des Le Picart : d'azur au lion d'or.

de Bertrand, la quarte partie à elle appartenant « en la terre et seigneurie de Cires assise lès Mello en Beauvoisis. »

Le 15 mars 1509, ce même Jean le Picart cède à titre d'échange à Yves Brinon la moitié de la seigneurie lui appartenant.

Enfin, le 19 mars 1509, Jeanne le Picart, veuve de Jacques Chevalier, vend son quart du domaine à Yves Brinon. Celui-ci — alors qualifié de procureur au Parlement, puis au Châtelet de Paris, — devenait donc l'unique propriétaire de la terre et seigneurie de Cires les-Mello. Il en portait, d'ailleurs, le titre depuis plusieurs années déjà, soit parce qu'il en possédait la plus grande partie, soit par une tolérance de ses co-héritiers à qui il devait racheter leur portion.

Nous le voyons, en effet, ainsi qualifié dès l'année 1501, dans un acte de foi et hommage qu'il rendit en personne le 11 septembre devant le bailli de Châteaufort pour son fief de Guyencourt, mouvant du roi à cause de sa châtellenie de Châteaufort (1).

Yves Brinon augmenta, d'ailleurs, son domaine de Cires-les-Mello par de nombreuses acquisitions. Nous avons les dates de neuf d'entre elles, s'échelonnant du 22 novembre 1511 au 23 février 1524.

---

(1) Cet acte en parchemin nous a été gracieusement communiqué par le vicomte Fernand de Brinon auquel il appartient. Il porte que le fief de Guyencourt provenait à Yves de la succession de son père Guillaume, « vivant écuyer, seigneur dudit Cires et de Guyencourt et de demoiselle Jeanne de Boislève, ses père et mère. » Il y a évidemment là une erreur de scribe, puisque Guillaume Brinon n'a jamais été seigneur de Cires, venu à son fils Yves par une alliance. De même, un autre aveu du 8 octobre 1513, conservé au Chartrier de Mello (communication de M. Collas), indique Yves Brinon comme seigneur de Cires « en partie. » C'est une erreur de rédaction, puisque Yves avait réuni toute la seigneurie depuis l'année 1509. — Quant au Guyencourt dont il est question, nous ne savons exactement où il se trouvait. Le Dictionnaire des Postes indique quatre localités de ce nom, deux dans l'Aisne et deux dans la Somme. Il note également six Chateaufort dont aucun ne correspond topographiquement aux Guyencourt précités. Nous n'essayerons donc ici aucune identification.

Ces Brinon étaient une vieille famille de bourgeoisie parisienne anoblie par les charges. Son premier auteur connu est Guillaume Brinon, qui vivait en 1370 (1). Yves Brinon, dont nous parlons ici, était son petit-fils (fils de Guillaume, deuxième du nom, et de Jeanne Boislève ou Boileau). Il avait épousé, comme nous l'avons vu, Gillette le Picart. C'était donc par hérédité régulière que Cires était venu aux le Picart et par suite à Yves Brinon.

Ce dernier mourut à Paris, rue de la Parcheminerie (2), en 1529; sa femme, Gillette le Picart, l'avait précédé dans la tombe en 1514, et ils furent inhumés tous deux dans la chapelle Saint-Pierre, dite « chapelle des Brinons », à l'église Saint-Séverin, à Paris.

Yves et Gillette laissaient trois fils et quatre filles, et à la mort du premier, la seigneurie de Cires paraît avoir été partagée entre les deux aînés. Il y a ici tout au moins dans nos documents une certaine confusion. Les deux aînés des fils de Yves et de Gilette : René Brinon, conseiller au Parlement de Paris, puis en 1539, président au Parlement de Bordeaux, marié à Claude Chapellier ; — et son frère puiné, Guillaume Brinon, avocat au Parlement et substitut du procureur général, marié à Antoinette de Rochefort (3), sont, en effet, tous deux qualifiés de seigneurs de Cires.

René paraît avoir eu la plus grande partie de la terre de Cires lors du partage qui eut lieu le 31 mars 1529, après la mort de son père. A l'exemple de ce dernier, il augmenta

---

(1) *Généalogie de la maison de Brinon* (par DU ROSSET). Paris. 1657, in-4° de 28 pages. Se trouve au Cabinet des Titres de la Bibliothèque nationale : *Cabinet d'Hozier*, tome 66, et *Dossiers Bleus*, 136. — Armes des Brinon : d'azur au chevron d'or, au chef dentelé de même. La branche des seigneurs de Cires portait en pointe, comme brisure, une étoile d'or.

(2) Voir son Inventaire après décès, du 13 janvier 1530, cité par M. Coyecque, dans le *Bulletin de la Société pour l'histoire de Paris et de l'Ile-de-France*, 1893; p. 57.

(3) Fille de Pierre de Rochefort, bailli de Saint-Germain des-Prés, Procureur Général au Parlement de Dombes et Intendant de la maison du prince de Conti. — Armes de Rochefort : d'azur au chevron d'or, à 2 glands aux feuilles de même, et une étoile de six rais en pointe.

d'abord ce domaine et fit des acquisitions de terres qu'il ajouta à sa seigneurie, en 1532, 1534, 1535, 1536 et 1541.

Le 6 avril 1529, René Brinon fit au seigneur du Colombier de Persan la foi et l'hommage de sa terre et seigneurie de Cires.

Il eut maille à partir pour ses droits et sa qualité de seigneur de Cires avec les Religieux de Saint-Denis. Ces Religieux lui intentèrent un procès qui se termina à son avantage par sentence du Parlement en date du 26 septembre 1543. Nous reviendrons plus loin sur ce procès.

Mais il est probable que lorsqu'il fut nommé président au Parlement de Bordeaux en 1539, René Brinon fut amené peu à peu à se désintéresser de son domaine du Beauvaisis, et que, lorsqu'il mourut en 1548, des arrangements de famille furent pris pour faire passer ce domaine sur la tête de son frère puiné Guillaume. Nous verrions volontiers un indice des négociations engagées à ce sujet, dans le délai qu'obtint, à la date du 25 février 1549, la veuve de René pour rendre foi et hommage de la seigneurie de Cires au suzerain.

Dans tous les cas, ce qui est certain, c'est que Guillaume, second fils de Yves Brinon et de Gillette le Picart, est désormais qualifié seigneur de Cires.

Comme nous le disons plus haut, ce Guillaume Brinon épousa, par contrat du mercredi 23 novembre 1545, damoiselle Antoinette de Rochefort, appartenant à une bonne famille de Gannat en Bourbonnais. Nous le voyons en 1546 indiqué comme Cornette de la Compagnie de François de la Rivière, vicomte de Tonnerre, sous la charge de M. de Tavannes.

Ce mariage dans le Bourbonnais, fort loin, par conséquent de Paris et du Beauvaisis, fut cause de l'abandon de la seigneurie de Cires par les Brinon.

Le fils cadet de Guillaume et d'Antoinette de Rochefort, nommé Yves, comme son grand père, possède bien encore cette seigneurie de Cires, avec celles de Guyencourt, de Valen-Galie, de Montchenin, des Prost et de Beaunay ; mais bientôt il fait, comme son père, un établissement en Bourbonnais, et épouse (contrat du 18 juillet 1579) une parente de sa mère, Lucrèce de Rochefort. Il se fixe alors tout à fait à Moulins où il demeurait déjà et où il devait devenir Trésorier

de France en 1587. Il est bien encore qualifié seigneur de
Cires et de Guyencourt en 1572, lors du partage de la succession de son père. Mais nous nous demandons comment il
avait pu conserver ce titre, puisque Cires avait été décrété
féodalement en 1566 et adjugé par arrêt de la Cour du 8 juin
de cette année à Anne, duc et connétable de Montmorency,
sous la dénomination de terre et seigneurie de Cires. Cette
acquisition fut complétée par deux autres actes d'octobre de
la même année, par lesquels damoiselle Claude Brinon,
veuve de Guillaume de la Peuple (?), avocat au Parlement de
Bordeaux, et Messire Nicolas Brinon, probablement le fils
de Guillaume, écuyer, vendirent au connétable les portions
qui leur restaient de la seigneurie de Cires. Ces divers achats
réunissaient pour la première fois dans les mêmes mains la
baronnie de Mello, la Grande-Chaussée et la seigneurie proprement dite de Cires-les-Mello.

Les Brinon laissèrent, d'ailleurs, à Cires, un excellent sou-
venir. Encore aujourd'hui, les habitants de ce bourg appel-
lent l'ancien hôtel seigneurial : l'Hôtel de Brinon. Il était à
peu près intact il y a un demi-siècle, et malgré les transfor-
mations qu'il a subies, on y voit encore une tourelle octogo-
nale contenant un escalier de pierre, une petite salle voûtée
en ogive et une autre grande pièce aujourd'hui en sous-sol
également voûtée de la même façon, avec un pilier central
sur lequel retombent les arcatures de la voûte (1).

---

(1) Nous devons ces renseignements à M⁰ Collas, notaire honoraire,
dont nous avons déjà cité les obligeantes communications, et actuelle-
ment propriétaire de l'Hôtel Brinon. C'est lui aussi qui nous a donné
les indications suivantes sur les derniers détenteurs du Manoir des
Brinon :

Après l'acquisition de 1566, l'hôtel seigneurial des Brinon servit de
logement au fermier des terres du fief. Lorsque les héritiers de M. Patu
vendirent le domaine de Mello et ses annexes, l'ancien fief Brinon fut
adjugé avec Mello à M. Ballagny, ancien notaire à Carrières, en vertu
d'un jugement rendu à l'audience des criées de la Seine les 22 frimaire
et 15 nivôse an X. Au décès de M. Ballagny, la ferme Brinon fut
démembrée et vendue en détail. L'ancien Hôtel seigneurial échut par
acte passé devant M⁰ Sensier, notaire à Paris, le 3 août 1819, à

III

A peine en possession de la seigneurie de Cires, le connétable de Montmorency eut des difficultés avec le seigneur suzerain, car nous voyons que le 17 juin 1567, il transigea avec ce suzerain, le seigneur du Colombier de Persan, au sujet des droits de quint et de requint de la terre et seigneurie de Cires.

Une autre difficulté résultait également des diverses juridictions dont dépendaient les fiefs ainsi acquis par le baron de Mello. La connétable de Montmorency — dont le mari avait été tué à la bataille de Saint-Denis l'année même de sa nouvelle acquisition, — profita de la haute influence dont elle jouissait pour obtenir le 12 avril 1568 des Lettres Patentes du Roi ordonnant la réunion des justices de Cires-les Mello, de la Grande-Chaussée, de Cramoisy et de Maysel, et décidant que ces diverses justices seraient unies au bailliage de sa baronnie de Mello et exercées par les officiers de cette baronnie, le même jour et au même auditoire. Les appels ressortissaient toujours au bailliage de Senlis.

Le 9 mars 1570, la veuve d'Anne, duc de Montmorency, fut reçue à la foi et hommage de la terre et seigneurie de Cires.

Le 15 août 1583, elle fournit aveu et dénombrement détaillé de ladite seigneurie à Roland de la Rivière, seigneur du Colombier de Persan.

Le dernier article de cet aveu est ainsi conçu :

« Item appartient à ladite seigneurie de Cires, droit de justice, haute, moyenne et basse, avec droit de souveraineté en et sur toutes les choses cy devant déclarées tant en la ville comme aux champs, fiefs et arrière-fiefs, ayant les fourches patibulaires de ladite justice élevées aux champs, carcans plantés ès carrefours dudit Cires, et droit de voirie par tous les endroits et lieux de ladite seigneurie, prévost, sergent,

---

M. Fauquier, qui en était déjà le locataire. Enfin, au décès de M. Fauquier, vers 1856, ses enfants partagèrent l'ancien fief en trois lots dans l'un desquels entra la presque totalité de l'Hôtel seigneurial que possède aujourd'hui M. Collas.

greffier, et autres officiers pour l'exercice de ladite justice, avec prisons fortes dedans ledit lieu seigneurial, et de soi-dire et nommer Dame dudit Cires privativement et avant tous autres, comme même il a été ordonné par la réformation de la coutume du bailliage de Senlis faite l'an 1539, au ressort et suzeraineté duquel bailliage ladite baronnie et chatellenie de Mouchy-le-Chatel et les fiefs qui en dépendent sont situés et aussi qu'il y a chartes et titres anciens faisant mention que les prédécesseurs seigneurs d'icelle Dame, à eux seuls avoit appartenu ledit droit de seigneurie de Cires, et à se dire et nommer seigneurs dudit Cires, et non autres ».

Cet aveu, sur lequel nous reviendrons, fut reçu le 18 novembre 1585.

Le 18 mars 1588, la seigneurie de Cires fut saisie féodalement et le 7 avril suivant Henry, duc de Montmorency, fit son acte de foi et hommage. Henri de Bourbon, prince de Condé, comme mari de Charlotte-Marguerite de Montmorency, fut reçu au même acte le 16 juillet 1634 ; puis ce fut le tour d'Elisabeth-Angélique de Montmorency, le 22 novembre 1652 et de François-Frédéric de Montmorency, le 4 mai 1729.

Enfin, après être restée pendant deux siècles dans la maison de Montmorency, la seigneurie fut adjugée à la barre de la Cour du Parlement, le 10 mai 1769, à Messire André-Claude Patu (1), chevalier, déjà seigneur baron de Mello, qui en fit hommage à son tour le 17 décembre de cette même année, au seigneur du Colombier de Persan.

---

(1) Le premier Patu dont nous trouvions le nom est Jacques, marié à Denise Saulnier, dont il eut Jean-Philippe Patu, trésorier général du sceau en 1656 et encore en 1674. Un autre Jacques Patu se qualifie écuyer, avocat au Parlement en 1686, et, presque à la même époque, nous connaissons par un Factum de 1689 (B. N. Fonds Thoisy, 77, f° 4), un Jean Patu, avocat au Parlement. Un Charles Patu, d'abord simple bourgeois de Paris en 1677, meurt seigneur de Fontenille et de Presle en 1692 ; il avait épousé Catherine Hébert dont il laissa Joseph Patu, sieur de la Chambre. Un autre se qualifie dans un Factum de 1710 (B. N. Fm. 13173) de « Messire Philippe Patu, conseiller du Roi en sa Cour des Aides » ; il avait pour femme Claude-Louise de Launay. Nous pouvons encore citer Pierre Patu, écuyer, seigneur de Champguestier en 1695; Jean Patu, seigneur de Rouville en 1698. Nous trouvons ensuite

IV

Le fief de la Grande-Chaussée, dont nous avons maintenant
à parler, possédait aussi un droit de haute justice ressortis-
sant pour l'appel au bailliage de Senlis. Ce fief était tenu et
mouvant de la seigneurie d'Ully-Saint-Georges, laquelle avait
appartenu à l'abbaye de Saint-Denis avant de venir aux Dames
de Saint-Cyr.

Une sentence de 1180 rendue par l'évèque de Senlis dans un
litige entre Guillaume, sire de Mello et l'abbaye de Saint-
Denis, constate que Guillaume ne prétend aucun droit sur ce
qui appartient à ces religieux au village de Cires. Si l'authen-
ticité de ce titre, copié dans le Cartulaire Blanc de Saint-
Denis, n'est pas contestable, il prouverait que la Grande-
Chaussée appartenait dès le XIIe siècle aux seigneurs de
Mello.

Elle resta, d'ailleurs, aux XIVe et XVe siècles, la propriété
des Néelle, seigneurs d'Offémont et de Mello.

Guy de Néelle en fait l'aveu et le dénombrement en l'abbaye de Saint-Denis le 11 mai 1403.

Un titre de l'année 1404 reconnaît au même Guy de Néelle,
sire de Mello, comme seigneur de la Grande-Chaussée, un
droit de garenne et de chasse sur le territoire de Cires, complètement indépendant du domaine principal, c'est-à-dire de
« la terre de Messire Henry de Marle qui fut Herpin d'Erquery et des terres mouvantes de lui tant en censives comme
autrement ». Il est expressément stipulé « qu'en iceux, ledit

---

Claude-Jacques Patu, écuyer, commissaire de la marine et secrétaire
du maréchal d'Estrées en 1722 ; J.-B. Patu, écuyer, sieur du Mesnil en
1722 ; André-Louis Patu, correcteur des comptes, enterré à Saint-
Sulpice en 1773. Ce dernier était sans doute le père du baron de Mello,
André-Claude Patu.

Cet André-Claude Patu avait commencé par être notaire royal au Châtelet de Paris où il demeura jusqu'en 1763, rue Vivienne, près les Filles
Saint-Thomas. Puis, en 1769, il avait acheté, comme « acquéreur
noble », (v. B. N. Fm. 8e 2007 et Fm. 4e n° 25265) la baronnie de Mello.
La Révolution lui fit perdre la plus grande partie de sa fortune et il
mourut d'apoplexie en son château de Mello le 3 messidor an VII.

Guy de Néelle ou ses successeurs ne pourront jamais prétendre droit de garenne ni de justice... »

On ne peut dire d'une manière plus explicite que la Grande-Chaussée est un fief secondaire, n'ayant rien de commun avec la seigneurie éminente de Cires.

Le 20 mai 1498, l'abbé de Saint-Denis fait saisir féodalement par Jean Vauchereau, son prévôt, ledit fief de la Grande-Chaussée « qui fut anciennement à Jean de Néelle ».

Le 10 février 1502, Antoine, abbé de Saint-Denis, reçoit la foi et l'hommage de Jean de la Gruthuse, chevalier, seigneur d'Offémont, comme mari et bail de Louise de Néelle « pour raison d'un fief assis et situé à Cires appelé le fief de la Grande-Chaussée... »

Le lundi de Quasimodo de l'année 1518, la même Louise de Néelle, par Barbanson Dartois, son procureur, renouvelle l'hommage de son fief dans les mains de Guyard, abbé de Saint-Denis, de sa personne à Ully-Saint-Georges.

Le même Guyard étant en personne à Amboise le 18 février 1525, reçoit en foi et hommage François de Montmorency, à cause du fief, terre et seigneurie de la Grande-Chaussée de Cires.

Le 15 décembre 1656 et le 16 avril 1659, deux saisies féodales du même fief sont faites par le bailli général de Saint-Denis sur la duchesse de Châtillon.

D'autres actes de 1710, 1714 et 1717 nous montrent que la Grande-Chaussée était restée la propriété de la maison de Montmorency-Luxembourg.

Enfin ce fief est acquis, en 1769, avec la seigneurie principale de Cires, par André-Claude Patu, chevalier, seigneur et baron de Mello, et il en passe acte de foi et d'hommage à l'abbaye de Saint-Denis le 9 juin 1773.

V

Nous avons vu plus haut, dans le passage que nous avons cité de l'aveu du 18 novembre 1585, avec quelle insistance la veuve du connétable Anne de Montmorency revient sur le droit exclusif qui lui appartient de se qualifier, seule de tous les fieffés de la paroisse, dame de Cires-les-Mello. C'est qu'en effet, et bien que depuis plus de deux siècles, les prédécesseurs de Madame de Montmorency se soient toujours qualifiés seigneurs de Cires, ce titre leur avait été contesté par les Religieux de Saint-Denis.

Un procès avait surgi à ce sujet au commencement du XVIe siècle entre René Brinon et ces Religieux, et le prétexte de ce litige était une misérable petite redevance d'un plat de poisson ou d'une « chopine de loche », sur un moulin à blé établi par lesdits Religieux sur la rivière de Thérain, redevance qu'ils refusaient de payer au seigneur de Cires. Mais en réalité, il s'agissait de toute autre chose : sous le couvert du paiement d'une redevance insignifiante à verser à leur moulin, les Religieux de Saint-Denis tendaient à mettre en question la seigneurie *éminente* de Cires, appartenant à René de Brinon et à ses auteurs (1). Ces Religieux

---

(1) Nous croyons intéressant d'extraire de la sentence de 1543 l'exposé des prétentions des deux parties :

René Brinon disait « que de sa terre et seigneurie de Cires, située au païs de Beauvoisis, il dépendoit entre autres fiefs le fief Cadet réuni au domaine dudit seigneur et à sa terre de Cires, duquel fief dépendoit anciennement un lieu et place, en laquelle les Relligieux, Abbé et Couvent de Saint Denis en France avoient fait construire un moulin à bled sur la rivière de Thérain, où ledit René a son franc moudre, et avoit droit de percevoir anciennement onze mines d'avoine d'avoinerie affectées sur maisons à Cires qui avoient été détruites ; à laquelle époque Henry de Marle, chancelier de France, seigneur dudit Cires, fut occis dans le Palais et sa maison de Cires pillée et brûlée, ce qui fit que la maison seigneuriale de Cires fut longtems inhabitée. Les seigneurs de Cires, ne pouvant habiter leur maison, négligèrent de se faire payer des onze mines d'avoine cy dessus et consentirent de commuer cette redevance en celle d'une chopine de loche ou plat de poisson qui fut toujours payé depuis sur led. moulin de Cires, et dont Yves Brinon, seigneur dud. Cires, et même led. René Brinon auquel la terre et seigneurie de Cires étoit échue par partage, avoient toujours joui, si ce n'est quelques années que cette redevance avoit été refusée, et concluoit à être maintenu à cause dudit fief Cadet, tenu et mouvant de la terre et seigneurie de Cires et réuni à icelle, en la possession dudit plat de loche, pour et à cause de la situation du moulin à bled de Cires. »

A cette argumentation, les Religieux de Saint-Denis répondaient « qu'à cause de la fondation et ancienne augmentation de leur monas-

semblaient oublier que lors de la transaction du 17 juin 1404, dont nous avons parlé plus haut, ils agissaient comme simples habitants de la paroisse de Cires, qu'ils n'émettaient dans cet acte aucune prétention de seigneurie et qu'ils appelaient à la ratification de leur transaction avec le baron de Mello, Henry de Marle, l'aïeul et le prédécesseur de René de Brinon dans la seigneurie de Cires, lequel, en qualité de propriétaire de la puissance publique et du domaine éminent de Cires, ratifiait le traité fait, concurremment et au même titre que les Religieux, par ses « hôtes et sujets de Cires. »

Mais ces Religieux, sachant que tous les titres de la seigneurie de Cires — et notamment la transaction de juin 1404 (1) — avaient été brûlés dans la catastrophe de 1418,

---

tère et abbaye de Saint-Denis, ils étoient en possession de se eux dire seigneurs fonciers directs et moyens, et hauts justiciers de la terre et seigneurie de Cires, à tout le moins de la plus grande partie, comme étant seigneurs des voiries et chemins, sinon en aucuns endroits et entièrement sur la rivière de Thérain passant par le village de Cires, et en tout droit de justice, pêche et garenne, sur laquelle le moulin dont est question est situé et assis ; qu'ils étoient en possession et saisine ; qu'il n'étoit loisible audit René Brinon de soi porter, dire et nommer seigneur dudit Cires sinon en partie. Que l'an 1000 il y avoit deux moulins à bled audit village de Cires, l'un près de l'autre, dont l'un appartenoit aux Relligieux de Froidmont et l'autre auxdits Relligieux de Saint-Denis : que lesdits deux moulins avoient été réunis en un seul et partagés par moitié ; que depuis, les Relligieux de Saint-Denis avoient acheté la part des Relligieux de Froidmont ; qu'ils étoient en possession et saisine ; que ce moulin etoit bannier pour tous les habitans de Cires et qu'ils étoient en possession d'exercer ou faire exercer par leurs officiers les actes et exploits de justice haute, moyenne et basse dedans ledit moulin et sur les habitans et demeurans en icelui ; qu'il n'était loisible aud. René Brinon ni autres de se porter et dire seigneur foncier ou direct dud. moulin, ni d'y exercer aucun acte de justice ; et que lesdits Relligieux n'étoient tenus de payer aucune redevance, pour raison dud. moulin audit René Brinon ni autres ; et concluoient à ce que led. René Brinon fût déclaré non recevable en sa demande, et que eux fussent maintenus en la possession et saisines de toutes les choses ci-dessus. »

(1) Si nous pouvons parler ici de cette transaction, c'est qu'un double avait été en la possession de Guy de Neelle, l'une des parties, et que ce double, conservé alors aux archives de la baronnie de Mello, fut utilisé par Claude Patu dans son procès avec les Dames de Saint-Cyr.

avaient espéré trouver leur adversaire sans défense devant les juges. Ceux-ci, néanmoins, ne furent pas dupes de cette manœuvre, et, après enquête, ils décidèrent par une première sentence, puis par deux arrêts sur appel dont le dernier en date du 1er décembre 1548, que René Brinon serait maintenu en possession de sa redevance annuelle sur le moulin des Religieux, que cette redevance serait payée en son hôtel seigneurial de Cires et que lesdits Religieux étaient seulement maintenus dans la possession de leur moulin, comme seigneurs justiciers fonciers et droituriers dudit moulin, ce qui excluait la haute justice, laquelle continuait à appartenir à René Brinon, comme ayant la seigneurie éminente de la paroisse.

Quoiqu'il en soit, on comprend que dans ces conditions, et le litige étant encore récent, la veuve du connétable de Montmorency, dame de Cires, tint à renouveler une fois de plus l'affirmation de ses droits et qu'elle profitât, pour le faire, de l'aveu qu'elle rendait au suzerain le 18 novembre 1585.

VI

Pendant deux siècles, aucune nouvelle contestation ne surgit à propos de la seigneurie de Cires-les-Mello En 1746, le duc de Montmorency-Luxembourg, se qualifiant « seigneur, haut, moyen et bas justicier et voyer de la terre et seigneurie de Cires », signifia aux dames de Saint-Cyr — représentant maintenant l'abbaye de Saint-Denis — une requête et ordonnance avec sommation d'être présentes à la confection d'un procès-verbal requis par cette ordonnance, et dans cette sommation, il qualifiait seulement ces dames de Saint-Cyr de grosses décimatrices de Cires.

Elles ne réclamèrent ni contre la qualité prise par le duc de Luxembourg ni contre celle qu'il leur avait attribuée ; et cependant, quelques années après, elles reprenaient les hostilités.

Cette fois, ce n'était même plus un procès « à côté », essayant, sous prétexte d'un litige sur une redevance minime, de mettre en question la seigneurie éminente de la paroisse. L'attaque était directe. Les dames de Saint-Cyr, profitant de ce que le domaine de Cires-les-Mello venait de passer des mains de la puissante maison des Montmorency à celles d'un modeste robin, prétendaient avoir seules le droit de se qualifier Dames de Cires-les-Mello, à l'exclusion de M. Patu, conseiller au Parlement, le nouvel acquéreur de ce domaine. Mais celui-ci était de la « basoche », et il le leur fit bien voir.

A la prétention des religieuses de Saint-Cyr de se dire hautes justicières et dames de Cires, le baron de Mello répondit :

1° Que ses devanciers avaient toujours été reconnus comme uniques seigneurs de Cires, même par les censitaires des Religieux de Saint-Denis, maintenant remplacés par les Dames de Saint-Cyr. Il citait, à l'appui de ce dire, les difficultés qui s'élevèrent au commencement du xvi° siècle entre tous les habitants de Cires, parmi lesquels les censitaires des Religieux de Saint-Denis, et René Brinon, seigneur de Cires, à propos du four banal appartenant à ce dernier. Des sentences des Requêtes du Palais du 4 septembre 1512, du 9 janvier 1515 et du 21 juin 1561 condamnèrent lesdits habitants, les uns à démolir leurs fours et à aller cuire leur pâte au four banal, les autres à payer la redevance représentant la bannalité et à reconnaître que ce droit appartenait « audit seigneur de Cires, à cause de sa seigneurie de Cires » ;

2° Que, dans le procès-verbal de la Réformation de la Coutume de Senlis en 1539, procès-verbal passé devant les Trois Etats du Bailliage, René Brinon, alors président au Parlement de Bordeaux, paraît seul comme seigneur de Cires. Les Abbé et Religieux de Saint-Denis sont également comparants à cette Réformation, mais seulement comme seigneurs de Plailly, Estrées-Saint-Denis, Moyvillers, Gouvieux, etc. Et dans ce procès-verbal où plusieurs contestations analogues naissent et reçoivent une solution, aucune protestation ne s'élève contre la qualité prise par René Brinon ;

3° Que seuls, ses ayant-cause avaient été de temps immémorial, en possession exclusive du droit de faire faire le cri de la fête de la paroisse de Cires, le 3 juillet, à la Saint-Martin d'été, ce qui était la prérogative du Seigneur haut justicier du lieu, d'après l'article 186 de la *Coutume de Senlis* (1) ;

____

(1) *Procès-verbaux* du 3 juillet 1518 et 4 juillet 1519. Cet usage était, du reste, depuis longtemps tombé en désuétude au xviii° siècle.

4° Que seuls, ses prédécesseurs avaient joui et qu'il jouissait seul encore dans la paroisse, de la possession exclusive de fourches patibulaires, de carcans et de poteaux de justice à ses armes, ce qui, d'après l'article 27 de la même *Coutume de Senlis*, établissait le droit de haute justice et de seigneurie (1);

5° Que la possession immémoriale qu'ils avaient de se dire seigneurs de Cires était prouvée par tous les actes publics dans lesquels ils figuraient : translation du domaine, acquisition de terres, aveux, dénombrements, actes de foi et hommages et mêmes actes contradictoires avec les Dames de Saint-Cyr et auparavant avec les Religieux de Saint-Denis. Ces actes s'étendent sur une période de plus de trois siècles, depuis 1404 jusqu'en 1769, date de l'adjudication de la terre de Cires à Messire André-Claude Patu sous la dénomination de terre et seigneurie de Cires ;

6° Enfin qu'ils étaient seuls en possession immémoriale des droits honorifiques dans l'église de Cires, comme propriétaires du sol sur lequel l'église était bâtie ; que, possesseurs de la puissance publique, ils avaient seuls, même s'il y avait dans la paroisse d'autres seigneurs justiciers, droit aux honneurs seigneuriaux, tels que banc et sépulture dans le chœur, recommandation nominale aux prières publiques, litre, etc.; que ce dernier droit, notamment, le plus important de tous, avait été exercé en dernier lieu par Henry de Montmorency, lequel fit peindre, tant au dedans qu'au dehors des églises de Mello et de Cires, les armes de sa maison, « tant d'or fin à huile que colle par Robert Boulanger, M^e peintre à Mello, moyennant 57 écus 17 s. », vers 1590. (*Compte de Simon Chabert, receveur de la baronnie de Mello,* pour 1591.) Un procès verbal du 30 septembre 1746 auquel assistèrent le sieur le Breton, curé de Cires, son vicaire, M. de Montsures, seigneur du Tillet, etc., et auquel furent convoquées officiellement les Dames de Saint-Cyr, constate l'existence de cette litre, ainsi que celle du banc seigneurial. Jamais les Dames de Saint-Cyr n'ont élevé la moindre protestation contre tous ces

(1) Les fourches patibulaires étaient placées au lieudit la *Justice de Cires.*

faits, non plus que contre les honneurs de l'encens rendu à
M. Patu quand il vint prendre possession de la seigneurie
de Cires en 1769, ainsi qu'à sa femme en 1774.

Outre ces prétentions auxquelles répondait ainsi M. Patu,
les Dames de Saint-Cyr tiraient argument de l'acte de l'an
1262 par lequel Simon d'Erquery, chevalier et seigneur de
Cires, avait vendu à l'abbaye de Saint-Denis l'avouerie de
Cires et du Tillet qu'il tenait en fief d'Ansold d'Offémont,
chevalier, lequel le tenait lui-même de Mathieu de Trie,
comte de Dammartin. Ces Religieuses prétendaient que cette
vente aliénait la seigneurie elle-même de Cires. M. Patu
démontre — en reproduisant dans son Factum le texte inté-
gral de cette charte — qu'il n'y avait là qu'une vente partielle,
limitée aux objets y énoncés, et qu'il n'y est question, ni du
droit de seigneurie, ni du droit de patronage, constituant ce
qu'on nomme la puissance publique.

Il ajoute, d'ailleurs, que l'authenticité de cet acte de 1262
est fort douteuse, puisqu'il résulte des titres postérieurs et
notamment du traité du 17 juin 1404, dont nous parlons plus
haut, que les Religieux de Saint-Denis n'ont jamais été en
possession des objets qui leur auraient été vendus par cette
Charte de 1262.

Quant au patronage de l'Eglise, ou plutôt au droit de la
présentation à la cure que les Religieux de Saint-Denis
avaient conservé avec le titre de « curés primitifs » de Cires
et sur lequel les Dames de Saint-Cyr appuyaient encore leur
prétention de dénier à M. Patu la seigneurie éminente de la
paroisse, il y avait là, de leur part, suivant leur adversaire,
une erreur évidente.

En effet, disait-il, le patronage n'appartient qu'aux fonda-
teurs, aux possesseurs du sol de l'Eglise, en un mot aux dépo-
sitaires de la puissance publique de la seigneurie ; il ne se
confond pas avec le droit de présentation, lequel peut en être
distinct.

Le titre de « curé primitif » auquel était presque toujours.
attaché le droit de présentation, venait aux abbayes, non de
ce qu'elles avaient le patronage comme fondatrices, mais
tout simplement de ce que, à l'époque du haut Moyen-Age
où le bas clergé séculier était rare, souvent corrompu et peu
respecté, leurs moines avaient desservi la cure. Lorsque,

plus tard, avec le progrès de l'ordre social et de la moralité publique, la cure avait été rendue aux séculiers, les moines avaient gardé le titre de curés primitifs, quelquefois le droit de présentation, et aussi le plus souvent, comme à Cires-les-Mello, la jouissance des dîmes.

Mais cela ne les créait pas « collateurs » et ne préjugeait en rien la question de la seigneurie éminente du lieu.

Il en était de même, dans l'espèce, disait M. Patu, de la création de notaires faite à Cires par les Dames de Saint-Cyr en mars 1727. C'était là une flagrante usurpation, contestée d'ailleurs, dès l'année 1738, au Grand Conseil, par le duc de Luxembourg, seigneur de Cires.

Les seuls seigneurs, en effet, qui ont droit de créer des notaires sont les seigneurs titrés, possesseurs de fiefs de dignités, tels que châtellenies et baronnies ; et telle n'était pas la situation à Cires-les-Mello.

Restait la prétention émise par les Dames de Saint-Cyr que, possédant aux lieu et place de l'abbaye de Saint-Denis, la seigneurie et la haute justice d'Ully-Saint-Georges, et cette seigneurie, qu'elles qualifiaient de châtellenie, s'étendant sur une partie de la paroisse de Cires, elles avaient le droit de se dire Dames et hautes justicières de Cires

A cette prétention, M. Patu répondait de la manière suivante :

Il est vrai que la seigneurie d'Ully-Saint-Georges étendait sa directe sur une partie du territoire de Cires-les-Mello, comme sur une partie de celui de Foulangues ; mais ce n'était pas à Cires un fief distinct sous le nom de fief de « la branche de Saint-Denis » et cela ne donnait aucun droit de haute justice, de tabellionnage, etc., à Cires.

La qualification de châtellenie donnée à Ully-Saint-Georges et qui aurait pu appuyer ces prétentions, était, d'ailleurs, disait-il, absolument injustifiée.

Ully-Saint-Georges n'était pas une châtellenie. Il n'en est pas question, avec cette qualification, dans le *Procès-Verbal de la Réformation de la Coutume de Senlis* en 1539, procès-verbal qui ne cite comme châtellenies que celles de Beauvais, de Mello, de Mouchy-le-Châtel, et l'abbaye de Saint-Lucien (art. 28, 34 et 36 de la *Coutume*). Jamais les seigneurs d'Ully n'avaient eu aucun des droits reconnus par la *Coutume* aux châtelains.

Ce n'était donc pas sur l'existence d'une châtellenie à Ully-Saint-Georges, mais uniquement sur la possession de cette seigneurie, que les Religieux de Saint-Denis avaient appuyé leur prétention à la seigneurie éminente de Cires-les-Mello. Il était, d'ailleurs, constant, par une transaction de 1391 à propos d'un droit de pâturage à Mello, qu'ils ne se qualifiaient alors que « seigneurs en partie de Cires à cause de leur prévôté d'Ully » et qu'ils ne figuraient à cette transaction que comme simples fieffés, et non comme seigneurs de la paroisse de Cires (1).

Pour tous ces motifs, et récapitulant toutes les usurpations de détail par lesquelles ses adversaires avaient essayé d'en venir à leurs fins : — création d'un tabellion, d'officiers de justice, établissement de faux terriers extorqués aux habitants, extension de leur directe au détriment du seigneur, — M. Patu concluait que les Dames de Saint Cyr, représentant l'abbaye de Saint-Denis, n'avaient aucun droit de se dire Dames de Cires et d'y exercer une autre justice qu'une simple justice foncière ou basse justice sur ce qui était situé dans la paroisse sur leur directe. C'est ainsi, d'ailleurs, que cela avait été jugé aux Requêtes du Palais et au Parlement le 26 septembre 1543 et les 14 août 1544 et 1ᵉʳ décembre 1548, lors du procès engagé à ce sujet entre René Brinon, alors seigneur de Cires, et les Religieux de Saint Denis.

VII

Dans le document manuscrit qui nous sert de guide, le baron de Mello faisait enfin le récit de la dernière tentative contre ses droits, commise par ses adversaires.

Le 23 juillet 1786, les Dames de Cires avaient essayé de

---

(1) Les anciens seigneurs de Cires, leurs censitaires et justiciables avaient toujours joui de ce droit de pâturage dans un pré dépendant du Prieuré de Mello. Peu à peu, tous les fieffés et habitants de Cires s'étaient arrogé ce droit de pâturage. En 1391, le Prieur de Mello, voulant faire cesser cet abus, le leur contesta. Un arbitrage survint, suivi d'un compromis, et les Religieux, comme les autres fieffés et habitants de Cires, furent maintenus dans ce droit de pâturage.

« se faire reconnoître par les marguilliers de l'Eglise et
Fabrique de Cires comme Dames Hautes-Justicières du sol
de l'Eglise et du Cimetière de Cires, par acte passé devant
leur prétendu notaire-tabellion de Cires-les-Mello ». A la
faveur de cet acte « mendié par leur fermier syndic de la
Paroisse et secondé par le Curé de la Paroisse de Cires »,
elles avaient fasciné et terrorisé la plupart des propriétaires
d'héritages du terroir de Cires, « qui n'avoient plus hésité de
reconnoître, soit aveuglément, soit par la crainte des frais
dont on les menaçoit, que tout ce qu'ils possédoient à Cires
étoit dans la directe de Mesdames de Saint-Cyr ».

Cette fois, la mesure était comble et le baron de Mello, seigneur de Cires, devait agir énergiquement s'il ne voulait pas
abandonner les droits séculaires qu'il tenait de ses prédécesseurs.

M. Patu fit donc assigner pardevant sa justice, par exploit
du 7 juillet 1787, le curé de Cires et ses marguilliers pour
lui passer déclaration du sol de l'église de Cires comme
située dans sa haute justice. En même temps, il fit afficher
et signifier son opposition à l'exécution de toutes déclarations
passées par les habitants au profit des Dames de Saint-Cyr.

Celles-ci s'empressèrent naturellement de répondre en
évoquant la cause au Grand Conseil, par exploit du 17 du
même mois.

C'est à ce moment que fut rédigé le Mémoire judiciaire
que nous suivons ici.

Ce document demande aux juges de décider que le sieur
baron de Mello sera maintenu dans le droit exclusif de se
qualifier seigneur de Cires et dans la possession exclusive
de la haute justice et de tous les honneurs seigneuriaux ;
qu'il sera fait défense aux Dames de Saint-Cyr de se qualifier
autrement que « Dames à cause de la prévôté et seigneurie
d'Ully-Saint-Georges, d'une directe et justice foncière et
droiturière à Cyres : » que les terriers seront réformés en
conséquence et les curé et marguilliers condamnés à passer
déclaration au terrier de la seigneurie de Cires, de l'emplacement de l'église et du cimetière de la paroisse ; que les
provisions de notaire données par lesdites Dames à Nicolas
Delafontaine ou à tous autres seront déclarées nulles et
de nul effet ; enfin, que Mesdames de Saint-Cyr seront

condamnées à fournir audit baron de Mello, « en sa qualité de haut justicier de la paroisse de Cires, une déclaration sèche des domaines, droits de fiefs et de justice qu'elles prétendent leur appartenir dans le territoire et paroisse de Cires, et de lui en communiquer les titres justificatifs. »

Nous ignorons quel fut le résultat de cette longue procédure. Il nous paraît plus que vraisemblable qu'elle n'eut pas de conclusion judiciaire.

La dernière date que nous trouvons dans notre manuscrit est, en effet, celle du 17 juillet 1787, et il était alors bien tard pour soulever des contestations féodales. La Révolution, qui grondait, allait bientôt amener la Nuit du 4 août qui supprima l'objet du litige, c'est-à-dire la seigneurie de Cires-les-Mello, comme toutes les autres, et qui renvoya dos à dos les Révérendes Dames de Saint-Cyr et haut et puissant seigneur Messire André-Claude Patu, chevalier, baron de Mello.

Le long factum manuscrit de ce dernier nous a, du moins, permis d'apporter une modeste contribution à l'histoire d'une importante seigneurie du Beauvoisis et de retrouver la trace de quelques personnages qui ont joué un certain rôle dans notre histoire locale et au sujet desquels je m'excuse néanmoins d'avoir fatigué aussi longtemps la bienveillante attention du lecteur.

OUVRAGES DU MÊME AUTEUR

Mémoires sur l'Origine de la Ville et du Nom de Senlis. — Senlis, 1863. — In-8°.

La Langue latine étudiée dans l'Unité Indo-Européenne. — *Histoire, Grammaire, Lexique.* — Paris, 1868. — 1 vol. in-8°.

La Grande Voie romaine de Senlis à Beauvais et l'emplacement de Litanobriga. — Senlis, 1873. — In-8°, 2 cartes.

Indicateur de l'Archéologue et du Collectionneur (publié avec M. G. de Mortillet). — Paris, 1872-74. — 2 vol. in-8°, 280 fig.

Étude sur quelques monuments mégalithiques de la vallée de l'Oise. — Paris, 1875. — In-8°, 50 fig.

Le Musée archéologique, *Recueil illustré de monuments, etc.,* publié avec la collaboration d'archéologues français et étrangers. — Paris, 1876-77. — 2 vol. grand in-8° avec fig.

Les Pays Sud-Slaves de l'Austro-Hongrie *(Croatie, Slavonie, Bosnie, Herzégovine, Dalmatie).* — Paris, 1883. — In-18 jésus, 58 gravures.

Notice sur Hugues de Groot (Hugo Grotius), suivie de lettres inédites. — Paris, 1884. — In-8°.

Les intérêts français dans le Soudan Ethiopien — Paris, 1884. — In-18 jésus, 3 cartes.

La France en Ethiopie : Histoire des Relations de la France avec l'Abyssinie chrétienne, sous les règnes de Louis XIII et de Louis XIV (1634-1706). — Paris, 1886, 1re édition. — In-18 jésus, avec carte. — Paris, 1892, 2e édition.

Recueil des Instructions données aux Ambassadeurs de France en Portugal, publié sous les auspices de la Commission des Archives Diplomatiques au Ministère des Affaires étrangères. — Paris, 1886. — 1 vol. grand in-8°.

Arabes et Kabyles (Questions algériennes). — Paris, 1891. — In-18 jésus.

Causeries du Besacier, Mélanges pour servir à l'histoire des pays qui forment aujourd'hui le département de l'Oise (Picardie méridionale. — Nord de l'Ile-de-France). — 1re série, Paris, 1892 ; — 2e série, Paris, 1895. — 2 vol. in-12.

Note sur quelques Lécythes blancs d'Erétrie (Extrait des *Mémoires des Antiquaires de France,* Paris, 1893. — In-8°, fig.).

Mémoires et documents pour servir à l'histoire du département de l'Oise. — Paris, 1895. — In-8°, fig.

Notes et documents pour servir à l'histoire d'une famille picarde au moyen âge. — La Maison de Caix, rameau-mâle des Boves-Coucy. — Paris, 1895. — Gr. in-8°.

Anne de Russie, reine de France, comtesse de Valois. — 2e édit., Paris, 1896, fig.

La France avant l'histoire et la Gaule indépendante. — La Gaule romaine. — 2 vol. gr. in-8°. — Nomb. cartes et figures (en collaboration avec A. Lacroix). — Paris, 1900 et 1901.

Les Sibylles d'Anvers. — Caen, 1902. — In-8°, planches.

Le Mausolée des Puget à Senlis. — Paris, 1903. — In-8°, planche.

Le Temple de la forêt d'Halatte et ses ex-voto. — Caen, 1907. — In-8°, planches.

Belgicismes. — A propos de quelques mots de l'ancien français conservés dans le langage des Belges. — Anvers, 1911. — In-8°.

Les Archives et les Livres de Raison des Brossard des Ils. — Caen, 1912. — In-8°.

Vieux Manoirs et Gentishommes bas-normands. — Promenades archéologiques dans le Val-d'Orne. — Caen, 1914 — Gr. in-8°, 70 figures.

Une Famille d'artistes et de financiers aux XVIIe et XVIIIe siècles : les Boullongne. — Paris, 1914. — Un vol. grand in-8°. — Portraits ; Etc., etc.

Imprimerie départementale de l'Oise, 15, rue des Flageots, Beauvais

OUVRAGES DU MÊME AUTEUR

Mémoires sur l'Origine de la Ville et du Nom de Senlis. — Senlis, 1863. — In-8°.

La Langue latine étudiée dans l'Unité Indo-Européenne. — *Histoire, Grammaire, Lexique.* — Paris, 1868. — 1 vol. in-8°.

La Grande Voie romaine de Senlis à Beauvais et l'emplacement de Litanobriga. — Senlis, 1873. — In-8°, 2 cartes.

Indicateur de l'Archéologue et du Collectionneur (publié avec M. G. de Mortillet). — Paris, 1872-74. — 2 vol. in-8°, 280 fig.

Étude sur quelques monuments mégalithiques de la vallée de l'Oise. — Paris, 1875. — In-8°, 50 fig.

Le Musée archéologique, *Recueil illustré de monuments, etc.,* publié avec la collaboration d'archéologues français et étrangers. — Paris, 1876-77. — 2 vol. grand in-8° avec fig.

Les Pays Sud-Slaves de l'Austro-Hongrie *(Croatie, Slavonie, Bosnie, Herzégovine, Dalmatie).* — Paris, 1883. — In-18 jésus, 58 gravures.

Notice sur Hugues de Groot (Hugo Grotius), suivie de lettres inédites. — Paris, 1884. — In-8°.

Les intérêts français dans le Soudan Ethiopien — Paris, 1884. — In-18 jésus, 3 cartes.

La France en Ethiopie : Histoire des Relations de la France avec l'Abyssinie chrétienne, sous les règnes de Louis XIII et de Louis XIV (1634-1705). — Paris, 1886, 1re édition. — In-18 jésus, avec carte. — Paris, 1892, 2e édition.

Recueil des Instructions données aux Ambassadeurs de France en Portugal, publié sous les auspices de la Commission des Archives Diplomatiques au Ministère des Affaires étrangères. — Paris, 1886. — 1 vol. grand in-8°.

Arabes et Kabyles (Questions algériennes). — Paris, 1891. — In-18 jésus.

Causeries du Besacier, Mélanges pour servir à l'histoire des pays qui forment aujourd'hui le département de l'Oise (Picardie méridionale. — Nord de l'Ile-de-France). — 1re série, Paris, 1892 ; — 2e série, Paris, 1895. — 2 vol. in-12.

Note sur quelques Lécythes blancs d'Erétrie (Extrait des *Mémoires des Antiquaires de France.* — Paris, 1893. — In-8°, fig.).

Mémoires et documents pour servir à l'histoire du département de l'Oise. — Paris, 1895. — In-8°, fig.

Notes et documents pour servir à l'histoire d'une famille picarde au moyen âge. — La Maison de Caix, rameau-mâle des Boves-Coucy. — Paris, 1895. — Gr. in-8°.

Anne de Russie, reine de France, comtesse de Valois. — 2e édit., Paris, 1896, fig.

La France avant l'histoire et la Gaule indépendante. — La Gaule romaine. — 2 vol. gr. in-8°. — Nomb. cartes et figures (en collaboration avec A. Lacroix). — Paris, 1900 et 1901.

Les Sibylles d'Anvers. — Caen, 1902. — In-8°, planches.

Le Mausolée des Puget à Senlis. — Paris, 1903. — In-8°, planche.

Le Temple de la forêt d'Halatte et ses ex-voto. — Caen, 1907. — In-8°, planches.

Belgicismes. — A propos de quelques mots de l'ancien français conservés dans le langage des Belges. — Anvers, 1911. — In-8°.

Les Archives et les Livres de Raison des Brossard des Ils. — Caen, 1912. — In-8°.

Vieux Manoirs et Gentishommes bas-normands. — Promenades archéologiques dans le Val-d'Orne. — Caen, 1914. — Gr. in-8°, 70 figures.

Une Famille d'artistes et de financiers aux XVIIe et XVIIIe siècles : les Boullongne. — Paris, 1914. — Un vol. grand in-8°. — Portraits ; Etc., etc.